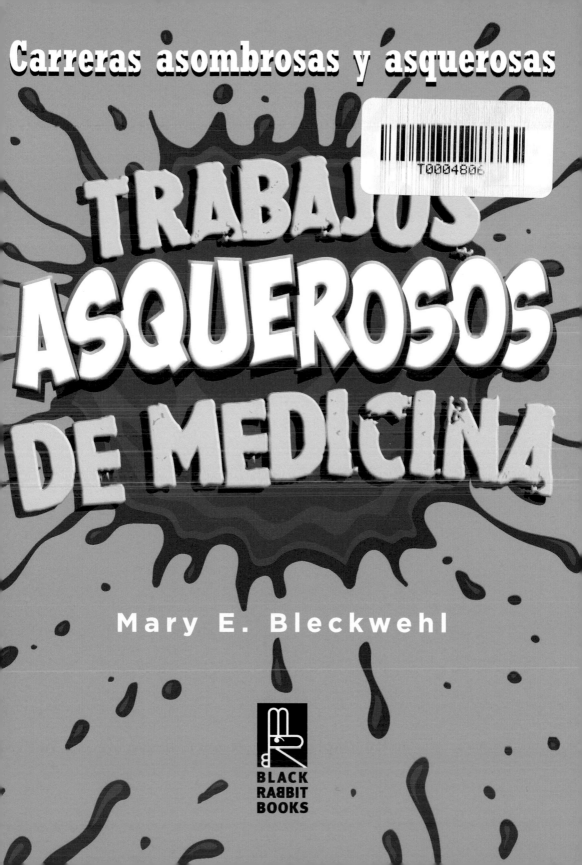

Carreras asombrosas y asquerosas

TRABAJOS ASQUEROSOS DE MEDICINA

Mary E. Bleckwehl

T0004806

BLACK RABBIT BOOKS

Hi Jinx es una publicación de Black Rabbit Books
P.O. Box 227. Mankato. Minnesota. 56002.
www.blackrabbitbooks.com
Copyright© 2023 Black Rabbit Books

Marysa Storm, editora; Michael Sellner, diseñador del interior;
Traducción de Travod. www.travod.com

Todos los derechos reservados. Prohibida la reproducción. almacenamiento
en base de datos o transmisión por cualquier metodo o formato
electrónico. mecánico o fotostático. de grabación ode cualquier otro tipo
sin el permiso por escrito de la editorial.

Información del catálogo de publicaciones de la biblioteca del congreso
Names: Bleckwehl, Mary Evanson, author.
Title: Trabajos asquerosos de medicina / by Mary E. Bleckwehl.
Other titles: Disgusting medical jobs. Spanish Description: Mankato,
Minnesota : Black Rabbit Books, [2023]
Series: Carreras asombrosas y asquerosas | Includes bibliographical
references and index. | Audience: Ages 7 | Audience: Grades 2-3 | Summary:
"Medical examiner. Clinical waste disposal worker. These
medical jobs are gross, but someone has to do them! Let readers explore
these and other awesome, disgusting jobs that keep their world running
smoothly through witty, conversational North American Spanish text, a
stunning design, fun facts that add additional context, and critical thinking
questions that encourage readers to take key concepts one step more.
A table of contents, glossary with pronunciations, further resources,
and an index all enhance comprehension in a beginning reader
format"-- Provided by publisher.
Identifiers: LCCN 2021055491 (print) | LCCN 2021055492 (ebook) |
ISBN 9781623108151 (hardcover) | ISBN 9781644666166 (paperback) |
ISBN 9781623108212 (ebook) Subjects: LCSH: Medical personnel-J
uvenile literature. | Medicine-Vocational guidance-Juvenile literature.
Classification: LCC R690 .B59613 2023 (print) | LCC R690 (ebook) |
DDC 610.73/7069-dc23/eng/20211115
LC record available at https://lccn.loc.gov/2021055491
LC ebook record available at https://lccn.loc.gov/2021055492

Créditos de las imágenes
Alamy: Tim Gainey, 12; iStock: Big_Ryan, Cover; FrankRamspott, Cover,
16; jamesbenet, 8; SDI Productions, 4; simonkr, 10-11; South_agency, Cover,
16; Shutterstock: Aleksei Martynov, 15; Alexander_P, 18-19; Alica
in Wonderland, Cover, 8, 21; Arcady, 17; blambca, 15; BluedarkArt, 2-3, 23;
chompoo, 15; Christos Georghiou, 21; Gerain0812, 7; Irina Rogova,
16; Jeff Morin, 15; LoopAII, Cover, I, 5, 6, 20; Lorelyn Medina, 2-3;
Memo Angeles, 9, 13, 15, 19, 20; Naeblys, 12; Pasko Maksim, 6, 23, 24;
picoStudio, 4, 10; Pitju, 21; Pushkin, 15; Ron Dale, 5, 6, 20; Rvector, 19;
Sakan.p, 8; Teeradej, 16; thirawatana phaisalratana, 8; totallypic, 12;
ymphotos, 7

CONTENIDO

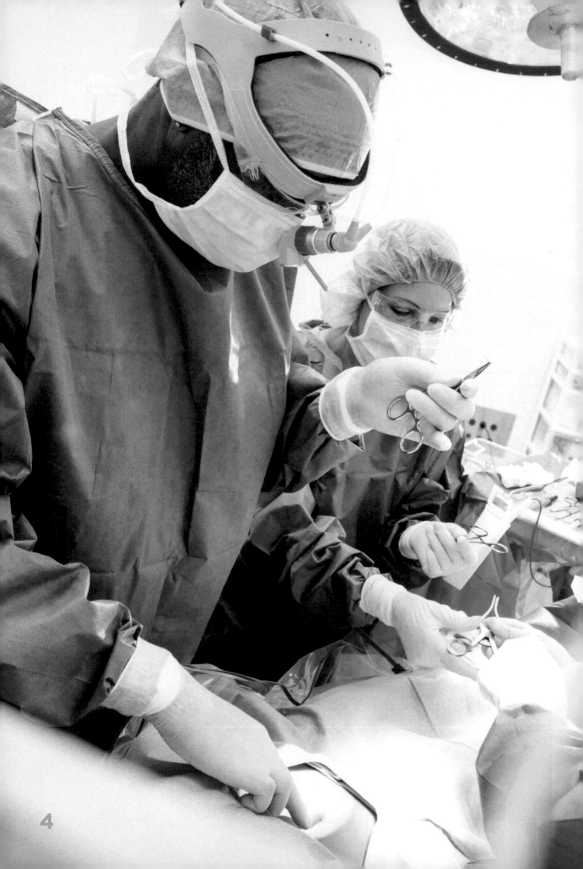

Capítulo 1
TRABAJO SOBRE EL CUERPO

Los trabajadores médicos protegen a las personas. Ayudan a los pacientes a sentirse mejor. La mayoría también gana bastante dinero. ¡Pero hay muchas cosas asquerosas detrás! Estamos hablando de mucha sangre y de heridas que supuran. ¿Al leer eso te dan ganas de vomitar? ¡Mejor agarra una cubeta antes de darle vuelta a la página!

Capítulo 2

LOS TRABAJOS

Cirujano estético

¿Quieres tener una nariz más pequeña? El cirujano estético es quien te dará una. Estos doctores cambian la forma o el tamaño de las partes del cuerpo. Succionan la grasa de las panzas. Quitan la piel colgada. A veces, **trasplantan** cabello. Estos trabajos son asquerosos. ¡Pero los resultados pueden ser asombrosos!

Algunos doctores congela la grasa de una persona.

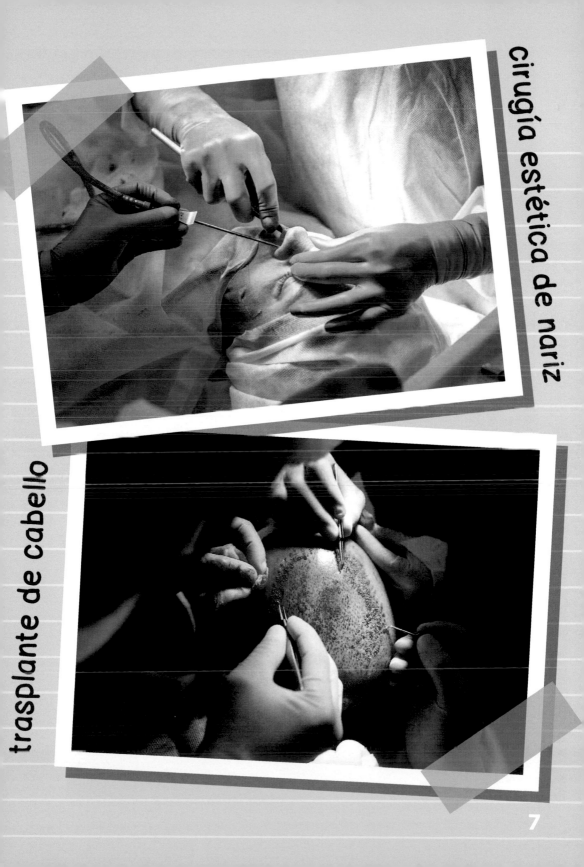

trasplante de cabello

becerro recién nacido

cepillando dientes

sacando sangre

8

Veterinario

Los veterinarios son doctores de animales. Pero trabajar con animales no siempre es lindo. A veces, los veterinarios ayudan a las vacas a dar a luz. Otras veces, **extraen** sangre o cepillan los dientes de los animales. Además, lidian con el vómito, el pipí y el popó de las mascotas. Estos doctores no apestan. Pero sus trabajos sí.

¿Tienes un perrito que arrastra el trasero? Tal vez sus glándulas anales estén tapadas. Un veterinario debe drenarlas.

Paramédico

Los paramédicos son los primeros trabajadores médicos en una emergencia. La escena puede ser asquerosa. Podría haber gente sangrando. A veces, tienen huesos rotos. Muchos están asustados. Los paramédicos ver más allá de esas escenas asquerosas. Deben tomar decisiones rápidas para salvar vidas. Luego, llevan a las personas al hospital.

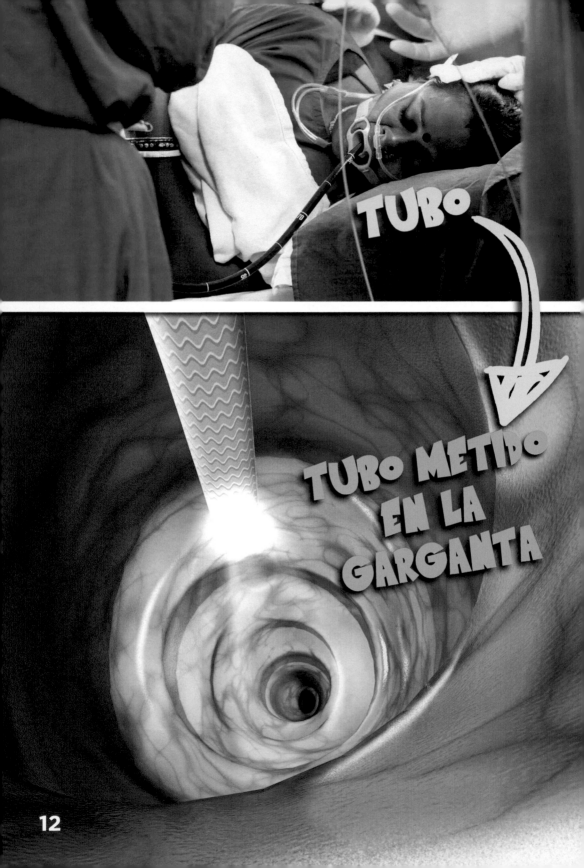

TUBO

TUBO METIDO EN LA GARGANTA

Gastroenterólogo

Los gastroenterólogos son un tipo de doctor. Se enfocan en la salud **digestiva**. Esto significa que lidian con algunas de nuestras partes vergonzosas. A veces, empujan un tubo por el trasero de alguien. Hacen esto para revisar el tracto **intestinal**. Otras veces, meten tubos por las gargantas para ver si hay algún problema. Olores apestosos y traseros desnudos forman parte de este trabajo.

Oledor de pedos

¡Advertencia de hedor! Algunas personas trabajan como oledores profesionales. Estos trabajadores detectan enfermedades al oler nuestro gas natural. Sí, estamos hablando de oler pedos. ¿Tu pedo huele a pescado o a carne? Podría haber un **tumor**. Algunos pedos son apestosísimos. Esto significa que algo podría estar mal en los intestinos de esa persona.

15

Trabajador que tira los desechos médicos

Los trabajadores que tiran los desechos médicos se encargan de los desechos creados por los hospitales. ¡Eso incluye partes del cuerpo! Generalmente, queman estos desechos. Tiran otros desechos, como las agujas. Es asqueroso. Pero alguien tiene que hacerlo.

En 2015, un hospital de Florida cometió un error. Tiró una pierna. La pierna acabó en un vertedero.

Médico forense

¡Guácala! Los médicos forenses son doctores que realizan autopsias. Una autopsia es cortar el cuerpo de una persona para entender por qué murió. Estos doctores escarban entre la grasa y los órganos. Puede que necesiten sacar balas del cerebro de alguien. Estos doctores deben pensar como detectives.

Los estuches de herramientas de estos doctores incluyen sierras cortahuesos y cortadores de costillas.

Capítulo 3

ÉNTRALE A LA DIVERSIÓN

La mayoría de los trabajos médicos requieren de mucha preparación. Los doctores necesitan **títulos** médicos y años de entrenamiento especializado. Los paramédicos necesitan, al menos, un título de dos años. Otros trabajadores aprenden haciendo el trabajo. En cuanto a los oledores de pedos, tener un buen sentido del olfato es solo uno de los requisitos. ¿Qué trabajo deseas?

Da un paso más

1. ¿Preferirías ser un doctor que atiende personas o animales? ¿Por qué?

2. ¿Qué sería lo más interesante de ser un médico forense?

3. ¿Cuál trabajo de este libro te parece el más asqueroso? ¿Por qué?

GLOSARIO

anal: relacionado con
la abertura inferior del tracto digestivo

digestivo: que tiene el poder para causar o
ayudar a la digestión

extraer: sacar o jalar

intestinal: está relacionado o es parte
del sistema digestivo donde se digieren la
mayoría de los alimentos

títulos: calificación otorgado por una escuela técnica superior o universidad

trasplantar: mover un órgano o tejido de una parte a otra o de una persona a otra

tumor: crecimiento anormal de tejido

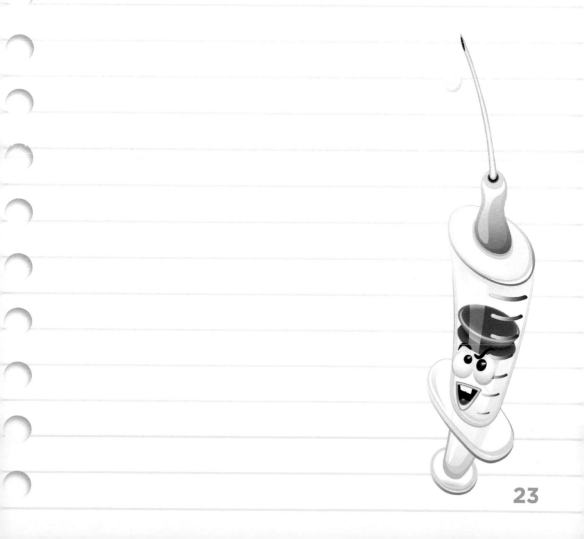

ÍNDICE